云南省地方标准

# 高速公路收费服务规范

Specification for toll service on expressways

## DB53/T 1123—2022

主编单位：云南建设基础设施投资股份有限公司
批准部门：云南省市场监督管理局
实施日期：2022 年 11 月 12 日

人民交通出版社股份有限公司
北京

## 图书在版编目(CIP)数据

高速公路收费服务规范 / 云南建设基础设施投资股份有限公司组织编写. — 北京:人民交通出版社股份有限公司,2022.12

ISBN 978-7-114-18469-7

Ⅰ. ①高… Ⅱ. ①云… Ⅲ. ①高速公路—公路费用—收费—商业服务—规范—中国 Ⅳ. ①F542.6-65

中国版本图书馆 CIP 数据核字(2022)第 257092 号

| | |
|---|---|
| 书　　名: | 高速公路收费服务规范 |
| 标准编号: | DB53/T 1123—2022 |
| 主编单位: | 云南建设基础设施投资股份有限公司 |
| 责任编辑: | 李　佳　张　琼 |
| 责任校对: | 席少楠　刘　璇 |
| 责任印制: | 张　凯 |
| 出版发行: | 人民交通出版社股份有限公司 |
| 地　　址: | (100011)北京市朝阳区安定门外外馆斜街3号 |
| 网　　址: | http://www.ccpcl.com.cn |
| 销售电话: | (010)59757973 |
| 总 经 销: | 人民交通出版社发行部 |
| 经　　销: | 各地新华书店 |
| 印　　刷: | 北京交通印务有限公司 |
| 开　　本: | 880×1230　1/16 |
| 印　　张: | 1 |
| 字　　数: | 31 千 |
| 版　　次: | 2022 年 12 月　第 1 版 |
| 印　　次: | 2022 年 12 月　第 1 次印刷 |
| 书　　号: | ISBN 978-7-114-18469-7 |
| 定　　价: | 12.00 元 |

(有印刷、装订质量问题的图书,由本社负责调换)

DB53/T 1123—2022

目　次

前言 ................................................................................... Ⅲ
1 范围 ................................................................................. 1
2 规范性引用文件 ....................................................................... 1
3 术语和定义 ........................................................................... 1
4 基础设施 ............................................................................. 1
　4.1 收费广场 ........................................................................ 1
　4.2 收费车道 ........................................................................ 2
　4.3 收费设备 ........................................................................ 2
　4.4 收费岛 .......................................................................... 2
　4.5 收费亭 .......................................................................... 3
　4.6 收费天棚 ........................................................................ 3
　4.7 标志标线 ........................................................................ 3
　4.8 照明设施 ........................................................................ 3
　4.9 ETC 门架系统 .................................................................... 3
5 人员 ................................................................................. 3
　5.1 基本要求 ........................................................................ 3
　5.2 仪容仪表 ........................................................................ 3
　5.3 行为 ............................................................................ 4
　5.4 态度 ............................................................................ 4
　5.5 语言 ............................................................................ 4
　5.6 业务技能 ........................................................................ 4
6 窗口服务 ............................................................................. 4
　6.1 服务要求 ........................................................................ 4
　6.2 车道运行 ........................................................................ 4
　6.3 混合车道操作 .................................................................... 5
　6.4 ETC 车道操作 .................................................................... 5
　6.5 便民服务 ........................................................................ 5
7 应急与安全要求 ....................................................................... 5
　7.1 应急保障 ........................................................................ 5
　7.2 设施安全 ........................................................................ 5
　7.3 用电安全 ........................................................................ 5
　7.4 消防安全 ........................................................................ 5
　7.5 收费系统安全 .................................................................... 6
　7.6 安全信号和警示装置 .............................................................. 6
　7.7 人员安全 ........................................................................ 6
8 监督管理 ............................................................................. 6

Ⅰ

| | |
|---|---|
| 8.1 收费稽查 | 6 |
| 8.2 监控管理 | 7 |
| 8.3 投诉处理 | 7 |
| 8.4 评价与改进 | 7 |
| 附录 A(资料性) 服务语言及服务姿态 | 8 |
| A.1 服务语言 | 8 |
| A.2 服务姿态 | 8 |
| 参考文献 | 9 |

# 前言

本文件按照 GB/T 1.1—2020《标准化工作导则 第 1 部分：标准化文件的结构和起草规则》的规定起草。

请注意本文件的某些内容可能涉及专利。本文件的发布机构不承担识别专利的责任。

本文件由云南省交通运输厅提出。

本文件由云南省交通标准化技术委员会归口。

本文件起草单位：云南建设基础设施投资股份有限公司。

本文件主要起草人：唐生炳、吴亚俊、郭友军、潘怀信、巫娜燕、马骏、涂旻骞、梅伟、吉选、李继荣、韦玲、王婉秋、韩果果。

# 高速公路收费服务规范

## 1 范围

本文件规定了高速公路收费站基础设施管理的基本要求、基础设施运行保障、人员及收费服务管理、便民服务、应急安全保障、设施设备监督管理和服务监督管理。

本文件适用于云南省高速公路收费服务，其他收费公路可参照执行。

## 2 规范性引用文件

下列文件中的内容通过文中的规范性引用而构成本文件必不可少的条款。其中，注日期的引用文件，仅该日期对应的版本适用于本文件；不注日期的引用文件，其最新版本（包括所有的修改单）适用于本文件。

GB 2893　安全色
GB 5768.1　道路交通标志和标线　第1部分:总则
GB 5768.2　道路交通标志和标线　第2部分:道路交通标志
GB 5768.3　道路交通标志和标线　第3部分:道路交通标线
GB 13495.1　消防安全标志　第1部分:标志
GB/T 16311　道路交通标线质量要求和检测方法
GB/T 24719　公路收费亭
GB/T 24968　公路收费车道控制机
GB/T 24973　收费用电动栏杆
GB/T 24974　收费用手动栏杆
GB/T 26943　升降式高杆照明装置
JT/T 597　LED车道控制标志
JT/T 939.1　公路LED照明灯具　第1部分:通则
JTG 2182　公路工程质量检验评定标准　第二册　机电工程
JTG B10-01　公路电子不停车收费联网运营和服务规范
JTG D80—2006　高速公路交通工程及沿线设施设计通用规范
JTG B01　公路工程技术标准

## 3 术语和定义

本文件没有需要界定的术语和定义。

## 4 基础设施

### 4.1 收费广场

4.1.1 收费广场应符合JTG 2182的相关要求，并经验收合格后方可投入使用。

4.1.2 收费广场设置的位置及功能应符合 JTG D80—2006 中 7.4 的规定,鼓励收费单位在不影响联网收费系统正常运行的前提下,根据收费运行的需求优化收费广场布局。

4.1.3 收费广场所属设施应干净整洁,无污迹、杂物等,广场内绿化应定期进行养护。

4.1.4 收费广场路基排水设施应适时进行维护保养,路面应无积水、无通行障碍。

4.1.5 收费广场应按照 GB 5768.1、GB 5768.2、GB 5768.3 的要求设置标志和标线,标志和标线应设置正确、清晰可见,并视现场使用情况按需进行维护。

4.1.6 收费广场宜设置前方路况信息及安全提醒服务的指示牌或 LED(发光二极管)显示屏。

4.1.7 临近城镇或旅游区的收费广场可增设区域交通图、旅游景点线路图。

## 4.2 收费车道

4.2.1 收费车道的设置,应符合 JTG D80—2006 中 7.4.1 的规定,并应考虑车辆行驶安全的要求,且应保持清洁。

4.2.2 收费站应设置 ETC(电子不停车收费系统)专用车道,收费站点的所有车道都应支持 ETC 车辆通行。

4.2.3 收费站出入口应根据机动车最大通过流量,配置数量适宜的手持终端设备,交通流量发生变化时,应适时对手持终端设备的配置数量进行调整。

4.2.4 在收费广场 ETC 专用车道前方不应设置减速带。

## 4.3 收费设备

4.3.1 车道设备应满足收费功能的需要,定期进行保养,按计划进行维护,零配件无损毁、无缺失,设备表面干净无污迹,保持设备完好有效。

4.3.2 收费系统应:
——具备重要数据备份功能,按联网收费系统运行需要定期进行数据备份;
——具备车牌自动识别功能,车牌自动识别准确率应大于 95%,并可运用系统的人工校验功能,保证车牌识别达到 100%。

4.3.3 车道控制机应符合 GB/T 24968 的要求,电动栏杆应符合 GB/T 24973 的要求,手动栏杆应符合 GB/T 24974 的要求。其中,ETC 专用车道的起落杆时间应小于 0.6 s,混合车道的起落杆时间应小于或等于 1.4 s。

4.3.4 收费费额显示器显示内容应清晰完整。

4.3.5 车辆通行信号灯、收费天棚信号灯、收费雾灯等应处于功能完好状态,满足使用需求。

4.3.6 收费系统应定期进行巡检、维护,维修完毕应对其功能的有效性进行验证。

4.3.7 入口称重检测系统应具备车辆轴型、轴数等自动识别功能,应定期接受法定计量机构的检定,保证投入使用的称重检测系统的计量检定合格证在有效期内,并在明显位置向收费对象进行公示。应通过日常自检对称重检测系统检测功能的完好性、准确性进行确认。

4.3.8 应在收费区域安装监控设备,监控设备应对收费亭、收费广场、入口称重点、财务室、票据室、解款室、地下通道等关键位置实现全覆盖。

4.3.9 收费亭内应设置紧急情况下易于操作的报警装置。

## 4.4 收费岛

4.4.1 收费岛应干净整洁、无杂物,安全防护设施应功能有效。

4.4.2 岛头、岛身、岛尾的标线应清晰完整。

4.4.3 ETC 专用车道的收费岛宜长于混合车道的收费岛,并与混合车道进行物理隔离。

## 4.5 收费亭

4.5.1 收费亭的质量和内部设置应符合 GB/T 24719 的要求。玻璃门窗应定期擦拭,保持洁净,内部设备的摆放应方便收费员收费操作,所有物品应摆放在规定位置,地面应干净无杂物。

4.5.2 收费亭内应设置保险柜,收费亭房门应功能完好、锁闭装置牢靠,混合车道出口的收费窗口应设置防盗窗。

## 4.6 收费天棚

4.6.1 收费天棚应符合 JTG B01 的规定,天棚上部的收费站名称应规范、醒目。

4.6.2 设置的车道控制标志,应保持功能完好、显示正确,并应能够按管理的需要进行调整和控制。

4.6.3 车道控制标志的色度和亮度应符合 JT/T 597 的规定,夜间亮度不应低于 1 000 cd/m$^2$。

4.6.4 应安装车道通行信号灯。

4.6.5 应设置提示车道通行方式的显示屏。

## 4.7 标志标线

4.7.1 标志标线的设置原则应遵循 GB 5768.1 的规定,标志标线的颜色应符合 GB 2893 的规定,标线质量应符合 GB/T 16311 的规定。标志标线应规范清晰、易于识别、无遮挡。

4.7.2 收费广场入口处应根据 GB 5768.2 的规定,设置限高标志和最低限速标志。

4.7.3 收费岛应设置黄黑相间线宽各为 15 cm,由岛头中线以 45°向两边标划的斜线。收费岛迎车流方向的地面标线应符合 GB 5768.3—2009 的规定。

## 4.8 照明设施

4.8.1 收费广场升降式高杆照明装置应符合 GB/T 26943 的要求,LED 照明灯具应符合 JT/T 939.1 的要求。

4.8.2 应定期巡查和维护收费广场的照明设施,及时处理故障,确保工作状态正常。

## 4.9 ETC 门架系统

4.9.1 ETC 门架的设置和配置应符合联网收费的工作要求。

4.9.2 ETC 门架的补光灯应采用夜间长亮的工作模式,补光灯可见光色温应为 3 000 K～5 000 K,不应使用脉冲式白光补光灯。

　　a) 补光区域内光照度应均匀、无暗区、无明显抖动;
　　b) 在距离补光装置 20 m 处,基准轴上的峰值光照度应小于 300 lx,平均光照度应小于 50 lx;
　　c) 在整个补光区域内,峰值光照度应高于基准轴上峰值光照度的 50%。

# 5 人员

## 5.1 基本要求

5.1.1 身体健康,五官端正,口齿清楚,有较好的语言表达和沟通能力。

5.1.2 经培训合格后上岗,具有较好的职业素养和较强的服务意识。

5.1.3 熟悉相关收费政策,恪守职业道德、文明礼貌、秉公收费、不徇私情、遵纪守法。

## 5.2 仪容仪表

5.2.1 着装:统一、规范、整齐、干净,各季节服装不混穿。

5.2.2 发型:头发应清洁、整齐,不留怪异发型。

5.2.3 饰物:不应佩戴除手表外的外露饰物。

5.2.4 妆容:应按规定妆容要求上岗。

5.2.5 应按规定路线,列队上下班。

## 5.3 行为

5.3.1 表情自然,举止文明,动作规范。

5.3.2 工作期间,不携带与工作无关的物品,不做与工作无关的事情,不擅离工作岗位。

## 5.4 态度

5.4.1 热情、周到、礼貌、目光友善,坚持微笑服务。

5.4.2 回答问题应准确、耐心、有问必答、语言文明。

5.4.3 声音清晰柔和,语速适中平和,视收费现场情况控制说话音量。

5.4.4 获取到驾乘人员有求助需求信息时,应主动提供相关帮助。

## 5.5 语言

5.5.1 普通话流利,应按规定使用规范的服务用语,语言简明、亲切,不应使用服务忌语。语言表达要求见附录 A 中 A.1;服务用语见附录 A 中 A.2。

5.5.2 鼓励员工掌握和运用外语、手语,为不同需求的群体提供服务。

## 5.6 业务技能

5.6.1 收费人员应熟悉收费业务和相关收费政策,能准确判别车型、车种。

5.6.2 外勤人员应掌握安全指挥车辆停靠与通行的知识,能熟练运用手势指挥车辆停靠、通行。

5.6.3 监控人员应熟悉收费系统功能,熟练监控软件操作,适时与省联网中心联络,对车道的特殊情况及时提出恰当的处置要求,视需要对发生的应急情况按规定渠道报警。

5.6.4 票管人员应掌握有关财务、票据管理知识,做好相关业务交接工作。票卡出库前应完成对其电量和响应灵敏度的查验。

5.6.5 机电运维人员负责机电设备的一般性维修维护,应定期检查设备运行状况,并对机电与系统运维单位实施监督、检查工作。

5.6.6 收费站应定期组织班组成员开展相关业务培训,可通过岗位练兵、技能竞赛等活动,提高业务技能。

# 6 窗口服务

## 6.1 服务要求

6.1.1 出入口收费应严格遵循 JTG B10-01 和联网收费的相关规定。

6.1.2 运营管理单位应按照附录 A 中 A.2 对服务姿态的提示,开展收费服务。
—— 入口发卡服务包括服务准备、迎车、转体刷卡、递卡、送行等;
—— 出口收费服务包括服务准备、迎车、接卡、唱收唱付、送行等。

## 6.2 车道运行

除系统检修外,不应关闭正常运行的收费车道。

## 6.3 混合车道操作

6.3.1 收费站应保持车道畅通,遇堵车时及时增开车道或采取适宜的应急措施。

6.3.2 入口发卡时严格遵循"一车一卡"的原则：
—— 如遇电量低于8%或刷卡无反应的卡不应发给驾车人员；
—— 不应发放预刷卡。

6.3.3 做好绿色通道查验App(应用程序)的监管,对依法整车装载运输全国统一《鲜活农产品品种目录》规定产品的车辆,查验合格后,免收通行费。

6.3.4 未按程序申报获批,不应启用收费纸券。

## 6.4 ETC车道操作

ETC车辆驶入ETC专用车道后,车道交易失败的,应使用手持终端设备完成相关工作。

## 6.5 便民服务

6.5.1 在收费广场显著位置设立便民服务台,为过往车辆免费提供热水、消毒酒精、创可贴、一般用途的修车工具等,药品应在有效期内,工具应具备正常的使用功能。

6.5.2 在保证安全的前提下,为有需要的驾乘人员提供可及的服务。

## 7 应急与安全要求

### 7.1 应急保障

7.1.1 制定突发事件(包括但不限于收费站拥堵、收费车道出现车辆故障、冲卡车等)应急预案,按规定备案,并适时启动应急预案,应急预案启用记录完整。

7.1.2 定期组织应急演练,总结演练成效,完善应急预案。

7.1.3 发生事故应及时按规定渠道上报。

### 7.2 设施安全

7.2.1 收费亭外前端应加防撞柱,可视现场情况,为收费人员、收费亭和收费设备提供适宜的安全保护屏障。

7.2.2 定期对收费亭房门的锁闭功能的可靠性进行检查,定期维护,功能失效时应立即更换。

7.2.3 定期检查监控对收费站关键区域覆盖的情况,必要时进行调校;配备的报警和防盗装置应处于有效状态,定期进行数据备份。

### 7.3 用电安全

7.3.1 电气电路维修人员应持国家规定证照上岗。

7.3.2 收费站应定期组织用电安全检查,及时消除用电隐患。

7.3.3 收费站配电房应按规定进行值守或巡查,人员未经授权不应进入配电房,未经许可不应关闭电源。

7.3.4 供电系统应当具备自动切换到发电机发电的功能,收费站在供电完全中断情况下,UPS(不间断电源)系统正常工作时间应不低于60 min。

### 7.4 消防安全

7.4.1 收费站应建立消防安全制度,编制灭火和应急疏散预案。

7.4.2 收费站应按规定配备消防设施和设备，火灾报警按钮标志、消防安全标志应符合 GB 13495.1—2015 规定。
7.4.3 消防设施和设备应指定专人负责,工作人员应参加消防器具使用培训,并经考试合格。
7.4.4 发生火灾时应立即切断电源,隔离火源,用消防器材灭火,必要时及时报警。

### 7.5 收费系统安全

7.5.1 入网关键设备及软件应进行并网测试,未经测试的设备及软件不应联网运行,应设置防火墙,宜采用预防、监测等技术。
7.5.2 严格落实网络安全责任制的有关规定,加强网络安全监测预警,实时掌握网络安全态势。
7.5.3 收费系统应设置网络边界访问控制,并实施内外网隔离与访问控制。
7.5.4 各系统间传递的数据应采用加密传输,对接收方或发送方的数据应进行严格校验,校验不通过的数据应视为非法数据,并及时发出报警信息。

### 7.6 安全信号和警示装置

7.6.1 收费站安全信号装置和信号灯应安装规范、可靠。
7.6.2 事故易发和危险区域应设警示安全标志。

### 7.7 人员安全

#### 7.7.1 收费人员

7.7.1.1 严格遵循在确保自身安全的基础上开展工作的原则。
7.7.1.2 应按规定路线进出站区,进出站区、收费亭时应注意安全,不应在车道内逗留。
7.7.1.3 核验"绿色通道"车辆时,应穿反光背心、戴工作帽,验货上下扶梯时应注意安全、防止跌落,验货应在监控范围内进行。
7.7.1.4 处理特殊情况车辆时应保证安全。
7.7.1.5 进入收费亭后应反锁收费亭门,检查报警装置是否完好、收费窗门开关是否可靠,检查电气设备(电脑、照明灯等)是否正常,并办理交接班手续,下班后立即将票、款清点上缴。

#### 7.7.2 外勤人员

7.7.2.1 外勤人员应穿反光背心,熟知交通规则。
7.7.2.2 穿过车道、引导车辆时,应注意避让车辆。
7.7.2.3 处理特殊情况车辆时,应选择安全的位置指挥停车。
7.7.2.4 查处闯卡、偷逃费车辆时,应注意车辆和人员安全。
7.7.2.5 及时劝离广场闲杂人员和车辆。

## 8 监督管理

### 8.1 收费稽查

8.1.1 建立完善的单位内外部、专兼职人员的收费稽查工作制度,定期或不定期开展全方位收费稽查工作。通行费稽查工作的开展应遵循联网收费管理的相关规定。
8.1.2 稽查工作中发现收费站收费服务中有不符合联网收费管理要求情况的,及时采取措施,进行纠正。
8.1.3 稽查工作应对收费人员、监控人员工作情况进行检查,并对检查情况做出书面报告,对检查出的问题提出限期整改要求。

## 8.2 监控管理

### 8.2.1 设备

监控收费站、收费亭、车道、收费广场等设施，收费站设施发生故障时，应迅速向值班站长报告，同时通知相关人员排除故障，并做好详细记录。

### 8.2.2 人员

监督收费人员执行工作纪律和行为规范，发现违章违纪、不文明服务行为，及时纠正，并做好记录。

### 8.2.3 信息记录

监控录像信息应按规定保存，遇异常情况时及时按照规定程序报告；遇突发事件或特殊情况时，应保全录像资料。

## 8.3 投诉处理

8.3.1 运营管理单位，应将日常投诉进行分类，建立投诉处置管理制度，指导投诉处理工作标准化、规范化和专业化。

8.3.2 实行"首问负责制"，投诉处理时效应符合联网收费管理的相关规定。投诉回复率和有责投诉的整改率，均应为100％。

## 8.4 评价与改进

8.4.1 建立内部测评与外部评价相结合的评价体系。

8.4.2 接受社会的监督，设置服务监督（投诉处理）机构，公布服务监督电话，亦可建立线上投诉通道。

8.4.3 收费服务满意度不应低于95％。宜委托第三方对驾乘人员进行收费服务满意度评价，每年应定期对驾乘人员进行满意度测评，并对服务评价的结果进行分析；测评结果应同时提交给行业管理部门和路产部门。

8.4.4 运营管理单位应根据驾乘人员的投诉、建议、抱怨和满意度测评结果，对不合格的服务制定改进措施，并督促提出改进措施实施的效果，将改进结果记录存档。

8.4.5 运营管理单位应选择适当时机对驾乘人员投诉、建议、抱怨的改进情况进行回访，落实服务改进要求。

附 录 A
(资料性)
服务语言及服务姿态

A.1 服务语言

A.1.1 语言表达：
——收费服务过程必须坚持使用文明用语和唱收唱付,要求咬字清晰、音量适度、语速适中；
——文明用语应该使用普通话,不得使用方言,做到亲切、流利、完整、规范；
——声音要清晰柔和,语速适中平和,视收费现场情况控制说话音量,以便驾乘人员听清,说话态度诚恳,语气不卑不亢。

A.1.2 服务用语：
——推行10字基本文明用语,即：您好、请、谢谢、对不起、再见；
——入口收费文明服务用语："您好,欢迎驶入××高速,请稍候""请收好通行卡""再见"；
——出口文明服务用语："您好,请出示通行卡""请稍候""请缴费××元""收您××元,请稍候""找您××元,请收好票据""再见"；
——情景式问候语："节日快乐""周末愉快""为了您的安全,请您系好安全带"；
——遇雨、雪、雾时："道路湿滑,视线不好,请您慢行,注意行车安全"；
——遇施工并道时："前方施工并道,路况复杂,请您注意行车安全"；
——遇交通事故、自然灾情封道时："前方因××路段封道,请您绕道行驶,谢谢合作"；
——争议时文明用语："欢迎您对收费工作进行监督,我们会认真对待您的意见""谢谢您提出的宝贵意见""感谢您的理解和支持"。

A.1.3 服务忌语：
——驾乘人员问询各类事宜时：不知道、自己看；
——驾乘人员问询前方去往目的地的相关问题时：不清楚、看路标、自己找。

A.2 服务姿态

A.2.1 服务准备时：
——头部：面向来车方向,保持微笑；
——肩部：双肩保持放松,两肩平行。

A.2.2 迎车时：左手手肘轻放窗台,大臂与身体成45°,小臂向上立起向窗外探出,与大臂成90°,手掌与小臂成一条直线,手掌心朝来车方向,手指自然伸直,五指并拢。

A.2.3 转体刷卡时：右手五指并拢、手心向下轻放于操作台面上,并随着身体的转动,将双手移至操作台边沿,不应背对驾乘人员。

A.2.4 接/递卡时：
——眼神：看向驾驶员,面带微笑；
——右掌：掌心朝下,五指并拢,轻放在窗框边缘；
——右手肘：放置于操作台边缘,左手伸出窗外,掌心朝上,顺势接/递卡,不应用手指夹卡。

A.2.5 收款过程：应集中注意力,清晰地向服务对象提示"应收多少、实收多少、找您多少"。

A.2.6 送行时：面对驾驶员,右掌心朝下,五指并拢,轻放在窗框边缘,左手伸出窗外,大臂与小臂成90°,手掌斜朝上,与小臂成145°。

## 参 考 文 献

［1］ 云南省收费公路联网收费运营服务规则
［2］ 收费公路联网收费系统网络安全管理暂行办法